人権ってなんだろう？

(一財)アジア・太平洋人権情報センター 編

ひとりぼっちなの？
いっしょにくらそうー

解放出版社

＊この本の絵にでてくる「わたし」と「ボク」という表現は、キャラクター「青」と「空」の話し言葉として使っているものです。

はじめに

　「人権についてわかりやすく説明された冊子がほしい」。これは、私たち、(一財)アジア・太平洋人権情報センター(ヒューライツ大阪)に繰り返し寄せられてきた期待と要望でした。そうした要望をいただく背景には、とくに21世紀に入って以降の20年ほどの間に、日本そして世界における人権をめぐる状況がきびしさを増しているという理解があるからではないでしょうか。

　世紀の変わり目に「21世紀は人権の時代」と希望を抱いたことが幻であるかのような現実が存在します。深刻な人権侵害にさらされている人たちが依然として世界中に数多く存在することにくわえ、人権そのものに対して否定的、敵対的な姿勢を隠さない人が数を増しているように思えます。人権が真に「普遍性」を獲得するための知恵と努力がいまほど求められている時代はないかもしれません。世界人権宣言が70周年を迎える2018年の今年、人権の大切さと存在意義をあらためて考えることには大きな意味があると信じます。

　人権が大切と学んできたが、わかっているようでわからない。わかっていないかどうかもわからない。そもそも人権は自分に関係があるのだろうか。そんな方たちに気軽に手にとっていただき、「そうか」と納得していただけることをめざしてこの本はつくられました。

　執筆をご快諾くださった金子匡良さんは、こちらが提示するきびしい日程にいつもにこやかに対応してくださり、「誰にもわかりやすい」原稿の作成に心をくだいてくださいました。イラストレー

ションをお願いしたippo.さんは、原稿を丁寧に読み込んで、見る人の心をつかんで離さない、とてもチャーミングな絵を描いてくださいました。（一財）アジア・太平洋人権情報センターの白石理会長は、元国連人権高等弁務官事務所人権担当官という経歴と経験を活かし、世界人権宣言をわかりやすく読み解きました。

　抽象的な「理念」ではなく、実際の生活に即した「実感」として人権の理解をうながす一冊になったと自負しています。世界人権宣言を導きの糸としつつ、差別の交差性・複合性、ヘイトスピーチなど、21世紀の世界と日本にとって重要な課題も取り上げました。

　人権がぐっと身近に感じられ、自由で安心で平和な毎日は、人権があってこそと理解してもらえる本ができました。人権を守るための「熱」と「光」をみなさまに届け、お手元に長くおいていただける本になることを願っています。

　　　　　　　　　一般財団法人　アジア・太平洋人権情報センター

CONTENTS

はじめに　3

人権をめぐる5つのTopic　9

Topic1 人権ってなんだろう？　10

- 人権と思いやりは何が違う？　10
- 人権の役割　11
- 人権はわがまま？　13
- 人権は誰のもの？　14
- 人権にはどんな種類があるの？　15
- 国境を越える人権　16

Topic2 「らしさ」でしばらないで！　22

- 人権の出発点は「私が私であること」　22
- 「らしさ」のトリック　23
- 「人間らしい生き方」ってなに？　25
- お互いさまの人権　26
- 二重三重の「らしさ」のしばり──複合差別　27
- 複雑化する抑圧　29

Topic 3　人権の3本柱──自由・平等・社会保障　31

- 人権のはじまり　31
- 自由ってなに？　32
- 平等ってなに？　33
- もうひとつの平等　34
- 人権としての社会保障　35
- 生活保護のマイナスイメージ　36
- 人権は「文化遺産」　37

Topic 4　人権を守る仕組み　39

- 人権は成長する　39
- 裁判所の役割　40
- 国内人権機関という新たな仕組み　41
- 民主主義の長所と短所　43

わたしは「青（あお）」です。
「あおさん」とか、「あおちゃん」って
呼んでください。

ビールのみながら
ブルーハーツの「青空」うたうのが
すきでーす。

Topic5 どうして差別が生まれるの？　48

- 社会の仕組みが生みだす差別　48
- 歴史が生みだす差別　51
- 差別を正当化する理屈　52
- 自分のなかの差別意識とたたかう　54

世界人権宣言を通して知る人権　61

人として生きるための最後の「よりどころ」──人権　62

- 人が人として大切にされるための人権　62
- 国際連合(国連)と世界人権宣言　63
- 世界人権宣言を土台として、その上につくられた人権条約　65
- 世界人権宣言の中身　66
- 現実を変える理想の力　67

世界人権宣言を読んでみよう　69

人権をさらに知るための書籍・ウェブガイド　97
資料　国連が中心となってつくった9つの主な人権条約　99

おわりに　100

コラム

❶ 人権の歴史　18
❷ 条約義務履行監視制度　20
❸ 人権条約と日本　45
❹ 国内人権機関　47
❺ ヘイトスピーチ　57
❻ 部落差別とインターネット　58

人権をめぐる5つのTopic

「人権」ってなんだろう？

それってだいじなものニャのかー？

いっしょに考えてみよー

Topic 1 人権ってなんだろう？

人権と思いやりは何が違う？

　人権ってなんだろう？　社会科の授業で習った気がするけど、あまりよく覚えていない……。そういえば、道徳の授業で「差別はいけない」「人にやさしくしよう」「思いやりをもって接しよう」みたいなことを習ったけど、人権も「やさしさ」や「思いやり」と同じものなのかな？　だったら、「人権」なんて堅い言葉を使わずに、「思いやり」でいいんじゃない？

　ためしに岩波書店の『広辞苑』で「人権」を調べてみた。「人間が人間として生まれながらに持っている権利」って書いてあった。なんか「思いやり」とは、ちょっと違うな。「思いやり」は自分が誰かに与えるものだけど、「人権」は自分が持っている権利ってことか。

　ところで、「権利」ってなんだ？　こんどは小学館の『大辞林』をひいてみよう。「ある利益を主張し、これを享受することのできる資格」って書いてある。つまり、人権は、「人間が生まれながらに持っている利益を主張できる資格」ってことなのか。

　人権が「生まれながらに持っている」ものならば、誰かに与えられるものじゃないってことだね。これも「思いやり」とは違うな。「思いやり」は誰かから与えられたり、誰かに与えたりするものだもの。ということは、「思いやり」は誰かが与えてくれないかぎり、

その恩恵を受けられないけど、人権は人間であれば、誰でも生まれたときからその恩恵を受けられるんだね。

人権の役割

「思いやり」は誰かが誰かに与えるものだから、与えるか与えないかは、与える人が決めることになる。じゃあ、みんなから嫌われている人は、思いやりをもらえないことになりそうな気がする。だって、嫌いな人を思いやるのってむずかしいもの。

そういえば、昔からいろいろな人がまわりから「嫌い」っていわ

れて迫害されてきたよ。宗教が違う人、肌の色が違う人、特定の仕事についている人……。そういう人を自分とは違って「人間じゃない」って決めつけて、差別したり、奴隷にしたり、ときには殺したりしたこともあった。「思いやり」の対象じゃなかったってことだよね。

考えてみれば、いまだって特定の国籍の人を侮辱したり、特定の地域で生まれ育った人を差別したり、同性愛者のような「性的少数者」っていわれる人たちの生き方を否定したりすることがある。それはいけないことだとわかっている人もいれば、「あいつらは差別されて当然」って開きなおる人もいる。

そうか！　人権はそういう人たちも含めて、みんな同じ「人間」なんだっていうことを主張できる資格なのか。「思いやり」は自分の仲間だけを大切にしようとするけど、人権はすべての人を「人

間」として大切にしようとする。これを「人間の尊厳」っていうらしい。そして、同じ人間なのに、差別されたり、傷つけられたり、いやなことを強制されたりしたときに、「同じ人間なんだから、人間らしく扱って」と言える権利が、人権なんだ。

人権はわがまま？

でも、世の中には、人権なんて「わがまま」と同じだっていう人もいるなぁ。「この世の中は不平等で当たり前」「不自由で当たり前」「だから人権なんていうヤツはわがままだ！」「そんなこと言ってないで、黙ってがまんしろ！」みたいな意見は少なくないよね。

でも、どんな人でも、ひとりの人間として、人間らしく扱われることのほうが、当然のことなんじゃないかな。だから、その当然のことが実現していないときには、声をあげなくちゃね。

人権を主張しなくちゃならない人は、弱い立場の人のことが多

い。そういう人たちに「わがままだ！」っていうのは、弱い人たちに不利益を押しつけるっていう、それこそ「わがまま」なことなんじゃないのかな。

　誰かが人権を主張しているとき、それは社会のなかで、一部の人だけに不利益が押しつけられているっていう警鐘(けいしょう)なのかもしれない。それをただの「雑音」や「不協和音」のように考えて無視したり、かき消したりしようとすれば、社会はどんどん内向きになって、それこそ自分たちのことしか考えない「わがまま」なものになってしまうよね。

人権は誰のもの？

　人権が、人間らしく扱われることを主張できる権利だとすれば、人権は誰にとって必要なものなんだろう。人権を主張しなくたって、ひとはそれぞれ自分の力で人間らしい生活ができるんじゃないかな。だとすれば、人権は誰のためのものなのかな？

　でも待てよ。自分の力で生きているようにみえて、じつは人権に守られながら生きているのかもしれない。自由にものを考えたり、自由に話をしたり、自由に好きなところに遊びに行ったり……。それに、中学校までは無料で通ってひととおりの勉強ができるし、病気になれば、費用の一部を負担するだけで病院で診てもらえる。

　よく考えてみれば、これもみんな人権のおかげなんだ。人権のないところでは、好きなことを話せなかったり、好きなところに行くことも住むこともできない。十分な教育や医療も受けられず、好きな仕事に就くこともできない。だから、ひとが自由で健康に生きていけるのは、「人権」っていう見えないバリアーが守ってくれているおかげなんだ。だとすれば、人権に関係ない人なんて、この世に

は誰もいないし、いてはいけないよね。

　でも、いまでも人権のバリアーが届いていない人がたくさんいる。障害のある人は、いろいろな不利益や不便を強いられているし、国籍や出身地による差別も多い。誰かの人権が否定されることを見過ごせば、それがいつの間にか自分の人権が否定されることにつながるかもしれない。人権にかかわる問題は他人事じゃなくて、ぜんぶ自分自身の問題でもあるんだ。

人権にはどんな種類があるの？

　人権とひとくちにいうけど、どんなものが人権なのかな？
　そもそも、人権ってどこに書いてあるんだろう？

　どうも「これとこれが人権」っていう、「人権のカタログ」みたいなものがあるわけではないらしい。「人間らしく扱われること」の中身はかっちりとは決められないものね。だから、人権の内容もかっちりとは決められない。

　でも、人権の内容を示した重要なガイドラインとして、「世界人権宣言」というものがあるんだ。1948年につくられたものだけど、いまでも人権の基本になっているよ。

　その「世界人権宣言」を読むと、尊厳と権利における平等、生命に対する権利、身体の安全に対する権利、表現の自由や宗教の自由といった各種の自由に対する権利、国の政治に参与する権利、社会保障や教育を受ける権利などが盛り込まれている。これらは、どれが欠けても人間らしい生活ができないものだから、基本的な人権といえるんだね。

国境を越える人権

　人権は、もともと各国の憲法や法律で保障されていた。1789年

につくられたフランス人権宣言や、1791年に発効したアメリカ合衆国憲法の権利章典なんかが、その代表例だね。これにくわえて、第二次世界大戦以降、国連を中心にして、人権を国際条約によって定めようという動きが活発になっているんだって。世界人権宣言はその出発点だといわれている。21世紀に入ってからも、障害者権利条約などが採択されていて、人権を国際的に保障していこうという動きはますます進んでいるよ。

　それと同時に、人権を守る仕組みも、国際化している。人権に関する問題が起こったときに、それが人権侵害にあたるかどうかは、基本的には各国の裁判所が判断するんだけど、ヨーロッパ人権裁判所のように、国境を越えた裁判機関が設けられている例もある。それと、国連の機関も、人権侵害かどうかを一定の範囲で判断できる権限をもっている。人権がすべての人のものである以上、国ごとに判断が異なるのはおかしいから、人権を国際的に保障する枠組みが、これからもっと必要になっていくね。

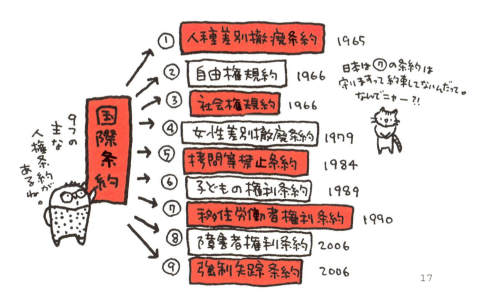

❶ 人権の歴史

　人間が一定の権利を生まれながらに有し、誰もこれを侵すことはできないという考え方が人権の中核ととらえるならば、イギリスの思想家ジョン・ロック（1632～1704）が人権思想の始まりといっていいでしょう。ロックは、人は生命・自由・財産に対する権利を「自然権」として生まれながらに平等に授けられており、この自然権は誰にも譲り渡すことはできず、また、いかなる権力もこれを侵すことはできないと唱えました。ロックのこの自然権思想が、その後、人権というかたちで具体化されることになったのです。

　それゆえ、18世紀に確立した初期の人権は、自由と平等がその主たる構成要素でした。それによって、人びとは宗教の自由や経済活動の自由などを享受し、また権利の享受における平等が保障されました（ただし、当時の人権は、男性、国籍保有者、宗教的多数者といった「社会的マジョリティ」にしか保障されていなかったことには注意が必要です）。

　また、19世紀には、自由を求める声が、政治の民主化を求める運動へとつながっていき、その過程で、選挙における投票権など、参政権（政治に参加する権利）も人権として保障されるようになっていきました。参政権が、「自由に仕える権利」といわれるのは、このためです。

　ところが、19世紀の終わりごろになると、それまで不可侵の権利であると考えられてきた自由と平等が、思わぬ弊害を生みだすことになります。人びとが自由に経済活動を行えるようになった結果、必然的に貧富の格差が生まれ、かつての王侯貴族のような生活を送る資本家が現れる一方で、餓死するまでに

困窮する者が数多く生まれたのです。そこで、国家は自由な経済活動を制限するとともに、経済的な困窮者の救済に乗りだすようになりました。このとき始まった困窮者の救済は、当初は国家によるサービスであるととらえられていましたが、しだいにそれを行うことは国家の義務であり、また国民にはそうした救済を受ける権利があると考えられるようになっていきました。この権利が20世紀になると、社会権という人権として確立するのです。

　こうした経緯をへて、自由権、平等権、参政権、社会権という各種の人権が保障されるようになりましたが、その後も人権の発展・拡大は続いています。たとえば、情報化社会の進展とともに、プライバシー権や知る権利といった新しい人権が生まれました。また、近年では、インターネットに掲載された自分の情報の削除を求める「忘れられる権利」や、非配偶者間の人工授精によって生まれた子どもが、自分の遺伝上の親を知りたいと要求する「出自を知る権利」などが議論されています。このように、人権は社会変動のなかで生みだされ、変化し、拡大していくものなのです。

コラム❷ 条約義務履行監視制度

　人権条約にくわわる国が条約で定められた義務を果たしていることを確かめ、その国に対して具体的に意見を述べ勧告をする役割を与えられているのが、条約機関 (treaty bodies) です。人権の国際基準の中心となる条約をまとめて、「中核的人権条約」(core international human rights instruments) といいます。2018年の時点で9つの条約[注1]があります。これらの条約のもとでそれぞれ、「委員会」(Committee) と呼ばれる条約機関が設けられています[注2]。委員会の委員は、独立した個人の資格で選ばれる専門家です。

　国がその義務を果たしていることを委員会が確かめるためには、条約によって違いはあるものの、次の3つの方法があります。

1. 定期的に加盟国政府が提出する報告書を審査して、委員会としての意見を述べ、勧告をする。
2. 加盟国が同意する場合、他の加盟国からの通報によって条約違反を調査し解決を探る。
3. 加盟国が同意する場合、その国内の個人から委員会に出された人権侵害に関する通報について審査し判断を公表する。

　このなかでもっとも広くおこなわれているのが委員会による政府報告書の審査です。委員会は審査の結果として、政府に対して、具体的な懸案について意見を述べ、勧告をします。委員会の意見や勧告は加盟国に対し強制力を持つものではありませんが、委員会が条約の解釈をし、審査の結果として出す意見や勧告は、委員の個人的見解とはことなり、それ相当の権威と重みを持つものです。

日本は、中核的人権条約のうち、8つの条約に加盟しています。ただし、個人からの通報を委員会が審査する制度は受け入れていません。

　日本政府報告書の審査がおこなわれたものについては、さまざまな意見や勧告[注3]が出されました。なかでも、これまで繰り返し出された勧告は、政府によって受け入れられなかったか、あるいは十分に取り組まれてこなかったものです。これらのなかには、国内人権機関の設置、委員会が個人からの通報を審査する制度を受け入れること（選択議定書の批准）、包括的差別禁止法の制定、「慰安婦」問題の解決、死刑制度の再考、刑事司法における犯罪被疑者の人権保障、部落差別解消、ヘイトスピーチ禁止、在日コリアンの教育権、ジェンダー平等推進などがあります。

　委員会の総括所見（最終見解）、そこで出された意見、勧告は、国際人権基準から見た日本の人権の現状分析であり、今後、何をすべきかを判断する指針となるものです。

注
1　99ページの資料を参照。
2　社会権規約については、委員会は1985年の国連経済社会理事会の決議により設けられた。
3　政府報告書審査の結果として出る委員会の総括所見（最終見解）とそこでなされた勧告は、日本弁護士連合会のウェブサイトにある国際人権ライブラリーを参照。https://www.nichibenren.or.jp/activity/international/library/human_rights.html#race

Topic 2 「らしさ」でしばらないで！

人権の出発点は「私が私であること」

　また面接で落とされた。友だちに相談したら、「『女らしさ』が足りないんじゃないの？」って言われた。「女らしさ」ってなに？ もっと「男ウケ」するような髪型にしたり、自分の意見を言わずにニコニコ笑ってれば、私の評価が上がるってこと？

でもちょっと待って。私はたまたま女に生まれはしたけど、女である前にひとりの人間。だから、まずは「ひとりの人間」としての私を見てほしい。

　「趣味は？」って聞かれたら、「お菓子づくりです」って答えなきゃいけないの？　私はお菓子は好きじゃない。それよりも、仕事の帰りにバッティングセンターに寄って、そのあと缶ビールを飲みながら帰ってくるのが大好き。それが私じゃいけないの？

　勝手に決めた「らしさ」で、私をしばらないでほしい。私は私。いちばん大事なのは、私が私らしくいられること。私が私らしくなかったら、私はいったい誰なの？

　私が私でいられること。これを「個人の尊重」っていうらしい。これが人権の出発点なんだって。

「らしさ」のトリック

　社会にはいろんな「らしさ」が転がってる。そういう「らしさ」は、「女は〇〇であるべき」とか、「男は〇〇しなくちゃいけない」とかっていう固定観念に結びついている。「子どもらしさ」「社会人らしさ」「日本人らしさ」……。でも、それは自分を出さずに、「らしさ」をかぶって生きることを押しつけていない？

　もちろん、自分で選んだ「らしさ」であれば問題ない。困るのは、「らしさ」を強制されく、それを拒むと「変わり者」扱いされて、差別されたり、排除されたり、ときには暴力をふるわれたりすること。

　でも、「らしさ」を決めているのは誰なんだろう？　誰かが「らしさ」で得をしているの？　それを考えれば「らしさ」のトリックが見えてくる。

「女らしさ」を決めているのは、「女らしい女」で得をする人たち。しおらしくて、控えめな「女らしい女」はモテるし、それをうまく利用して、「女らしい女」を演じて得をする女もいる。でも、私にはそれは無理！

「子どもらしさ」を決めているのは、「子どもらしい子ども」で得をする大人たちかな。だって、素直で純情な「子どもらしい子ども」は、扱いやすいもんね。子どもがそれをうまく使えば、親や先生をだますことだって簡単。でも、私はそんなのイヤだ。

立場の強い人間が、立場の弱い人間を「らしさ」でしばって、自分たちに都合がいいように動かすことがある。それがわかっている

から、波風を立てないように、自分自身を「らしさ」でしばっている人もいる。仲間意識を高めるために、互いに「らしさ」でしばりつけあって、安心することもある。逆に、そういう「らしさ」をうまく使って、世間をじょうずに泳ぐ人もいる。

　みんなが「らしさ」でしばったり、しばられたりしているときに、それをいやがると、「〜のくせに」って言われたり、「わがまま」だって言われたりして、非難される。私はずっとそういう息苦しさを感じて生きてきた。

　もちろん、社会ではみんなが協力することが必要。そのためにがまんしなくちゃいけないこともある。でも、「らしさ」の押しつけのなかで、不必要ながまんを一部の人だけに強制することがあれば、それは人権の出発点である個人の尊重を踏みにじることになる。

「人間らしい生き方」ってなに？

　ところで、人権は「人間らしく扱われることを主張できる権利」だけど、「人間らしい」ってなに？　この「らしさ」も押しつけなんじゃないの？

　でもそれは違うらしい。「人間らしい」は自分で決められるもの。まわりくどい言い方をすると、自分にとって「人間らしい生き方」が何なのかを決めるために必要な条件を権利として保障したものが人権なんだって。

　自由にものを考えたり、自由に話したり、最低限の教育や生活が保障されなくちゃ、自分にとって何が「人間らしい生き方」なのかを見つけられないでしょ。つまり、人権がいう「人間らしさ」は「自分らしさ」ってこと。誰にも強制されずに、自分が自分でいられること。それが「人間らしい」ってことなの。だから、世間で強

制される「らしさ」とは、まったく違う。世間で強制されている「らしさ」は、私が私でいるのを否定することがあるけど、人権は私が決める「私らしさ」を守ってくれる。

お互いさまの人権

　人権が自分らしさを尊重するっていっても、それは「他人のことは放っておけ」「他人にはかまうな」という意味じゃない。みんながそれぞれの「自分らしさ」を実現できるように、互いに助けあうことが絶対に必要。そうしないと、人権は自分の力で「自分らしさ」を実現できる人たちだけのものになってしまう。

　つまり、人権にも「お互いさま」の精神が必要ってこと。世界人権宣言にも、「人間は、理性と良心とを授けられており、互いに同胞の精神をもって行動しなければならない」って書いてある。

　でも、ここで重要なのは、助けることやがまんすることを特定の

人に押しつけてはいけないってこと。「女なんだから」「母親なんだから」「長男の嫁なんだから」っていって、家事や育児や介護を押しつければ、それは「らしさ」の強制に過ぎなくなっちゃう。そして、それは人権を侵害することにもなる。健全な「お互いさま」の社会をつくるためには、まず一人ひとりの人権が尊重されて、そのうえでみんなが助けあえるようにすることが必要ね。

二重三重の「らしさ」のしばり──複合差別

　世の中に転がっている「〜らしさ」や「〜なんだから」や「〜のくせに」は、二重にも三重にも重なって人をしばりつけることがある。たとえば、障害のある女性は、「女性」っていうしばりと「障害者」っていうしばりの両方で排除されたり、役割を押しつけられたりすることがある。子ども、外国籍の人、被差別部落出身者……重なれば重なるほど排除や抑圧が強まって、差別は深刻になる。そ

の影響をいちばん強く受けるのは、弱い立場の集団のなかにいる女性や少女なんだって。こういうことを「複合差別」っていうよ。

複合差別を受ける人は、同じ境遇の人からも差別を受けることがある。障害のある女性が、障害のない人からの差別と同時に、障害のある男性からの差別を受ける場合なんかが、それにあたる。

たとえば、車いすの女性は、車いすに乗っているっていうだけで、入りたい店に入れなかったりすることがあるけど、それだけじゃなく、介助者の男性から身体を触られたり、障害のある男性から、女性だからってことで意見をまともに聞いてもらえなかったりする。つまり、障害のある女性に対する差別は、「障害者であるこ

とによる差別」と「女性であることによる差別」の両方が複雑にからみあっていて、その被害も複雑で深刻になる。

複雑化する抑圧

しかもね、こういう場合、「やめて」って声をあげようとする被害者に対する抑圧も複雑になる。たとえば、車いすの女性が障害のある男性から受けたセクハラを告発しようとすると、ほかの障害者から「障害者が障害者のことを悪くいうなんて」って非難されたり、止められたりすることがある。かといって、健常者の女性に助けを求めても、健常者は障害者のことがよくわからないから、同じ女性同士であっても、障害のある女性の被害を理解してもらえないときがある。

ボクの生まれ育った地域は、結婚差別にあった人が多い。そんな中で、好きな人と結婚できることは幸せだと思ってる人も多い。ボクには今、大好きな彼がいるんだけど…

ほかにも、介助者の男性からのセクハラ被害を声に出そうとすると、健常者からも障害のある人からも、「介助者の男性が来なくなったら困るし」というような言葉をかけられて、結果的に泣き寝入りを強いられることがある。場合によっては、セクハラの事実を信じてもらえないこともある。
　こういうふうに、複数の理由による抑圧は、被害をとても複雑にする。これが「複合差別」の怖いところなの。
　いろんな要因が複雑にからみあって、かけ算のように二重三重に深刻になる排除や抑圧。複合差別の解決のためには、これにしっかりと目を向けることが重要。それぞれの要因ごとに対応するだけじゃなく、複数の要因がつくりだす問題の複雑さを理解して、それを一つひとつ解決していくような、丁寧な努力が必要になる。これって簡単じゃないけど、一人ひとりの人権を真面目に考えるなら、絶対に必要なことだよね。

Topic 3 人権の3本柱——自由・平等・社会保障

人権のはじまり

　人権は、いまから200年から300年くらい前、ヨーロッパで起こった王様に抵抗するたたかいのなかで生まれた。といっても、自然に出てきたわけじゃなくて、王様の好き勝手な支配にがまんできなくなった人たちが、王様をしばる鎖(くさり)として考えだしたのが人権なんだ。

　当時の王様は、好き勝手に人を処罰したり、好き勝手に税金をか

けたり、自分への批判を許さなかったりしたから、これに抵抗する たたかいが生まれた。そして、そのなかで「誰にでも同じように自 由と平等が認められるべきで、王様だからといってそれを侵しては ならない」っていう考え方が生みだされて、これが人権の主張につ ながっていったんだ。

その後、王様の役割は、大統領や総理大臣や国会議員が担うよう になったけれど、だからといって、人権がいらなくなったわけじゃ ない。どんな人だって、権力を持つとそれを振り回したくなるもの だからね。人権は権力をしばる鎖として、いまでも大切な役目を 負っている。

自由ってなに？

人権は、「自由」と「平等」から始まった。この2つが人権の原 型といえる。でも、人権が「自由」を保障するといっても、ここで

いう「自由」は、何でも自分の好き勝手にできるという意味じゃない。誰かが人権を持っているとき、ほかの人も同じように人権を持っているんだから、誰かの人権を侵すような自由は認められない。

　人権として認められる自由は、自分らしさを追求するための自由。人は誰でも自分の人生の主人公なんだから、自分の人生を自由にデザインして、自由に生きていくことができる。それを可能にするためには、自由に考えて、自由に行動できることが必要。それから、好きなところに住んで、好きな仕事に就いて、好きな人と結婚して、自分の生活を自由に組み立てることが必要。こういう自由が、人権として保障される自由なんだ。これを「自由権」っていうこともあるよ。

平等ってなに？

「平等」は、同じ扱いを受けられるってこと。逆に、人によって違う扱いをすることは不平等になり、人権侵害になる。でも、どんなときでも必ず同じ扱いをしなくちゃいけないわけではない。人権と

しての「平等」は、「『正当な理由』のない区別をしてはいけない」っていう意味で、「正当な理由」があれば、区別をしても不平等にはならない。

　わかりやすい例をあげれば、「タバコを吸ったり、お酒を飲んだりできるのは大人だけで、子どもはそれをしてはいけない」という区別は、「子どもの健康を守る」っていう正当な理由があるから、不平等とはいえない。でも、もしも「関東の人は酒・タバコOKだけど、関西の人はダメ」って法律で定めたら、それは不平等で人権侵害になる。なぜなら、そこにはみんなが納得するような「正当な理由」がないから。

もうひとつの平等

　もともと「平等」は、上に書いたような「正当な理由のない区別をしてはいけない」という意味だったんだけれど、現代になって、もうひとつの「平等」が生まれた。それは、「必要な区別をする」という意味の平等。たとえば、トイレをつくるときには、車いすの人でも、そうじゃない人でも、誰でも利用できるように、必要な区別をすることが平等になる。このとき、車いすの人でも入れるトイレをつくろうと思えばできるのに、あえてそれをつくらなかったら、それは不平等で人権侵害になる。なぜなら、必要な区別をしなければ、車いすの人はトイレに行けなくなってしまうから。

　「正当な理由のない区別をしない」という意味の平等と、「必要な区別をする」という意味の平等。前者を形式的平等、後者を実質的平等（または合理的配慮の提供）と呼ぶこともあるけど、この２つを使い分けて、時と場合に応じたバランスのよい平等をつくることが、真の平等になると考えられている。２つの平等をどうやって使

い分けるかは、すべての人に「人間らしい生き方や生活」を確保するには、どちらの平等を実現すべきかという観点で判断する。

人権としての社会保障

「必要な区別をする」という意味の平等と同じように、20世紀になってから生まれた新しい人権が「社会権」だ。社会権は、「誰でも最低限の生活や教育を保障される」という権利で、この権利を使って、生きていくために必要な支援や援助、つまり社会保障を国に求めることができる。

　人権は「人間らしく生きること」を保障するものだけど、最低限の衣・食・住が確保されないと、人間らしく生きることなんてできない。だから、社会権も人権に含まれるようになったんだ。社会権の内容は、その後どんどん幅を広げていき、衣・食・住だけではなく、いまでは最低限の教育水準や文化水準も社会権で保障されるよ

うになっている。日本国憲法でも、「健康で文化的な最低限度の生活を営む権利」という言葉で、社会権を保障しているよ。

生活保護のマイナスイメージ

　医療保険制度、年金制度、義務教育制度……、人びとの社会権を保障するために、いろいろな社会保障制度が存在する。そのうちのひとつが生活保護制度。どんな人だって、急に仕事ができなくなって、生活に困るようなことが起こりうる。そのときに国が生活費を援助してくれるのが、この生活保護制度だ。

　ところが、生活保護にはマイナスイメージがつきまとっている。それってなんでなんだろう？　「自分の生活は自分でどうにかするもの。国に頼るのはみっともない。」そう考えている人が多いのかな？　でも、医療だって、年金だって、国に頼っていることに変わりはないよ。それに、生活保護を受ける人は、働かない「なまけ者」だっていうまちがったイメージも強いよね。「働かない」わけ

じゃなくて、「働けない」ときに利用するのが生活保護なのに。「貧困は自己責任なんだから、自分で責任をとれ」っていう自己責任論をふりかざす人もいる。でも、貧困にはいろいろな原因があるよ。病気やケガといった個人単位のものもあれば、勤めていた会社の倒産や不況による失業といった、社会的なものもある。でも、いつ、どんな病気になるか、どんなケガをするかなんて、誰にもわからないよね。ましてや、不況は個人の責任じゃない。

人権は「文化遺産」

　生活保護に限らず、ときとして人権は非難されたり、攻撃されたりすることがある。自由を主張すれば「わがまま」だって言われたり、平等を主張すれば「〜のくせに」ってなじられたりする。でも、人権はみんなが幸せになるための大切なルール。それが壊れてしまったら、弱肉強食のとても恐ろしい世界になってしまうんじゃないかな。

　人権は、すべての人がひとりの人間として尊重され、互いに助けあうためにつくりだされたものなんだ。そのことの大切さを、みんながしっかりと理解していないと、人権は幻のように消えてなくなってしまうかもしれない。だって、人権はもともと人が考えだしたものなんだから。

　日本国憲法に、次のような条文があるよ。

> 　この憲法が日本国民に保障する基本的人権は、人類の多年にわたる自由獲得の努力の成果であつて、これらの権利は、過去幾多の試錬に堪へ、現在及び将来の国民に対し、侵すことのできない永久の権利として信託されたものである。

人権は、歴史のなかで獲得され、受け継がれてきた、人類の大切な財産なんだ。「人権は文化遺産」っていってもいいかもね。これを次の世代に渡すことは、すべてのひとの義務といえるんじゃないかな。

Topic 4 人権を守る仕組み

人権は成長する

　人権が200年前に生みだされたとき、同時に生まれたものがある。それが憲法。憲法は、人権を保障するための法としてつくられた。

　ところが、憲法はそれぞれの国でつくるものだから、憲法で人権が保障されていたとしても、憲法の効力はその国にしか及ばない。

これだと、人権の効力も国境で区切られてしまう。そこで20世紀後半になると、国境を越えて人権を保障するための国際人権法（国際人権条約）が生まれた。その先がけになったのが、1948年に成立した世界人権宣言なんだ。その後、国際人権規約や人種差別撤廃条約、女性差別撤廃条約などが次つぎと生まれ、いまでは30以上の国際人権条約が存在している。

この200年の間に、各国の憲法で保障される人権も、どんどん内容が豊富になり、国際人権法もいろいろな分野でつくられるようになった。人権は日々、成長してるんだ。

裁判所の役割

でも、人権が実際に保障されるためには、人権が書かれた憲法や国際人権法が存在しているだけでは足りない。だって、それは紙に書いてある字にすぎないからね。人権が保障されるには、人権を守る仕組みがきっちりと存在しなければならない。書いてあるだけで守られない人権なんて、まさに「絵に描いた餅」になってしまうよ。

人権を守るための仕組みとして大切なのは、まず裁判所だ。裁判所は、人権侵害があったか、なかったかを判断して、もし人権侵害があったと判断した場合には、被害者を救うための措置を命令することができる。だから、どこの国でも、裁判所は人権を守る仕組みとして大切にされているよ。逆に、裁判所が権力者の言いなりになっていたり、公正な判断ができなかったりする国では、人権を守ることはできない。

でも、ここでも壁になるのが国境の存在なんだ。裁判は国のなかでしかできないからね。だから、外国で行われた人権侵害を別の国の裁判所が裁くことはできない。

　これを乗り越えるために、ヨーロッパなど一部の地域では、国境をまたいだ人権保障のための裁判制度をつくっている。けれども、そうした取り組みは、まだまだ限られたものでしかない。その一方、人権侵害はどんどん国境を越えている。インターネット上のヘイトスピーチなんか、一瞬のうちに世界を駆けめぐることが可能だ。悪い意味での国際化の代表例だね。こうした人権と国境の問題にどのように取り組んでいくかが、今後、解決すべき重要な課題といえる。

国内人権機関という新たな仕組み

　裁判所は人権を守る重要な仕組みだけど、裁判は時間がかかったり、お金がかかったりと、使いづらい点も少なくない。そこで、アメリカやヨーロッパの国々、あるいはオーストラリアやニュージーランドなどでは、1970年代から80年代にかけて、人権救済のため

　の独立した専門機関をつくってきた。そうした機関は国内人権機関と呼ばれているよ。
　国内人権機関は、独自の調査を行ったり、被害者を救済するための命令を出せる権限を持っていて、人権侵害を迅速に、かつ効果的に救済できる仕組みとして注目されるようになった。そこで、1993年には、国連が国内人権機関の設置を世界各国に呼びかけたんだ。その結果、現在ではアジアやアフリカをふくめ、100を越える国々で同じような機関が設立されている。
　でも、日本には、残念ながら国内人権機関は存在しない。なので、国連の人権に関連する機関から、日本でもそれをつくるように何度も勧告を受けている。日本にも、子どもの人権を守るための児童相談所や、女性の人権を守るための女性センターなどの機関は存在するけれど、幅広くあらゆる人権の救済に責任を持つ国内人権機関はないんだ。これについても、今後の課題といえるね。

民主主義の長所と短所

　人権を守る仕組みとしては、民主主義も重要だ。国の運営を一部の限られた人びとにすべて委ねてしまうのではなく、国民が選挙で選んだ代表者が国を動かすようにすれば、人権侵害の危険性はぐっと少なくなるからね。だって、国民の代表者が、国民を苦しめるはずはないし、もしそんなことが起こったら、次の選挙で落とせばいいんだから。これが民主主義が広がった大きな理由といえる。

　ところが、人権と民主主義は対立したり、民主主義が人権を抑圧したりすることもあるんだ。たとえば、民主的な選挙にもとづいて

成立した政府が、政府に反対する人びとの人権を抑圧し、それを政府の支持者が容認するような場合がありうる。ユダヤ人の排斥を訴えて選挙で勝利した結果、ヒトラーに率いられたナチス政権が生みだされたようにね。

　なんでこんなことが起こるんだろう？　それは、人権と民主主義では、その土台になっている考え方が違うからなんだ。人権は、一人ひとりの人間の自由や平等を大事にしようとするけど、民主主義は、最終的には多数決によって物事を決定する。個人の尊重か、多数意見の尊重か。この考え方の違いがバランスを失って、「個人の尊重」よりも「多数意見の尊重」のほうに偏ってしまうと、多数決による人権抑圧を生みだす場合があるんだ。

　民主主義はこういう危なっかしい側面があるので、じつは取り扱いに注意が必要な仕組みだといえる。まちがった決定が、民主主義で正当化される場合だってある。でも、たとえ民主的な決定でも、個人の人権を奪うことは絶対に許されない。「民主的な人権侵害」という悪夢のような矛盾を引きおこさないためにも、このことを肝に銘じておかないとね。

❸ 人権条約と日本

　条約は、国と国との法的な約束です。人権に関する条約は、おもに国連でつくられ（ILO〈国際労働機関〉やユネスコなどでもつくられています）、日本も国際人権規約をはじめ、いくつかのおもだった人権条約を批准しています。批准するとは、国が条約の内容を確かめ条約にくわわる手続きをとることです。条約は、宣言やガイドラインとは違い、国に対して法的にしばる力（法的拘束力）があります。条約の締約国になるということは、その国の政府が、「自国の国民と、自国領域内に住むすべての人に、その条約にもりこまれている諸権利を保障すること」を国際社会に約束することを意味します。

　日本の憲法第98条1項は、憲法が日本の最高法規であること、2項は、日本が締結した条約や確立された国際法規を「誠実に遵守することを必要とする」と定めています。専門家によれば、日本が批准した条約は、法律の上位にくるとされています。ですから人権条約に加盟すると、その条約の趣旨に合わない法律や条例、規則があれば改正しなければなりません。また、そのことが人権保障のための法律制定の後押しになることもあります。女性差別撤廃条約の批准による1984年の国籍法改正（父系優先血統主義から父母両系血統主義への変更）や障害者権利条約の批准による2013年の障害者差別解消法制定がその例としてあげられます。

　国連がつくった9つの主な人権条約は本書末尾の資料（99ページ）のとおりです（2018年11月1日現在）。ところで、人権侵害の被害者が国内で手だてを尽くしても救済されない場合、条約で定められた機関に訴えることができるという個人通報制

度を定めた条約がありますが、日本は残念ながら、これまでこのような制度を受け入れていません。人種差別撤廃条約の場合は、個人通報制度の条項を留保（適用を除外することを意思表示）して条約に入りました。

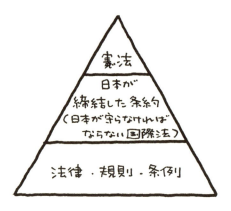

❹ 国内人権機関

　国内人権機関（National Human Rights Institution）は、人権を守り、人権の理解をひろめ、根づかせるため、法律によって国が設ける組織です。多くの国で、1993年に国連が採択した「国内人権機関の地位に関する原則」（パリ原則）に沿って、国内人権機関がつくられています。

　パリ原則によれば、国内人権機関は人権課題や人権侵害事例にすみやかに対応します。国の行政、司法機関とは異なり、その構成員は社会の多様な分野や層の人が選ばれることを前提としています。国内人権機関は、政府から独立した地位を持ち、とくに人事と財政に関しては自律性が保障されます。

　国内人権機関の役目は次のようなものです。政府、議会などに対して、立法や政策、国の人権状況、個別の人権侵害事例などについて意見、勧告、提案、そして報告をします。国がくわわっている人権条約が法律や政策で守られることを促します。国連の人権機関や他国の国内人権機関と協力します。人権条約機関に政府が提出する報告書の作成に、独立の立場を保ちながら協力します。人権教育や人権研究プログラムにかかわります。人権がひろく理解されるように広報活動をします。さらに場合によっては、個別の人権侵害事例について相談を受け、調査し、調停をおこないます。

　日本には、2021年の時点で国内人権機関がありません。

Topic 5 どうして差別が生まれるの?

社会の仕組みが生みだす差別

 どうして人は人を差別するんだろう? みんな仲よくすればいいのに。

差別にはいろいろな原因があるといわれていて、偏見や無理解、ストレスといった個人的な理由や、対立や妬みといった当事者同士の関係性の問題、あるいは宗教や文化の違いや国と国との外交上の対立といった集団的な関係性が差別の原因になることもある。差別が生まれる原因はさまざまで、「これが差別を生みだす犯人!」みたいな決定的な解答があるわけじゃないと思うよ。

 そうか。だとすると、差別をなくしていくためには、いろいろな問題を考えないといけないね。

それと、社会のなかのいろいろな制度や仕組みが、立場の強い人に使いやすいようにできていることが、立場の弱い人への排除や差別の原因になる場合もある。

 具体的にいうと、どんな場合?

あなたを例にとってみようか。あなたはメガネをかけているけど、「メガネをかけているから、うちの店には入れません」とは言われないし、「メガネの人はうちの会社では雇いません」とも言われない。でも、車いすがないと外に出られない人は、「障害者」という区分けをされて、しかも、「うちの店には入れません」、「うちでは雇えません」って差別されることもある。

でも、この違いって、メガネか車いすかの違いだよね。メガネをかけていれば、目が悪くない人と同じように生活できるけど、車いすに乗っていると、ものすごく行動を制約される。この違いが障害者差別を生みだしているといえるんじゃない？

だとすると、障害者に「障害」があるんじゃなくて、障害者を取り巻く社会のほうに「障害」があることが問題なんじゃないかな。こういう場合、社会のほうの「障害」を取り除かないかぎり、差別はなくならない。逆に、社会の「障害」をなくすことができれば、差別も解消することができる。

 たしかに、そうだね。

最近は、社会の側の「障害」を「社会的障壁」って呼んでいる。そして、障害者差別の原因を障害者の心身の「障害」だけに求めるんじゃなくて、「社会的障壁」に求めるという考え方は「障害の社会モデル」といわれている。障害者差別の解消のためには、「社会的障壁」を取り去って、障害者がいることを当然の前提とした社会をつくっていくことが必要ね。

そういう社会をつくるために、世界のいろんな国で、社会的に立場の弱い人たちの社会参加を義務づける「クオータ制（割り当て制）」が積極的に取り入れられているよね。大学の入学者の一定枠を特定の人種や民族の人に割り当てたり、国会や地方議会の一定割合の議席を女性に割り当てたり。日本でも障害者雇用促進法にもとづいて、障害者の雇用が義務づけられている。そうやって、いないかのように扱われてきた女性や障害者や、さまざまな社会的に立場の弱い人たちが、社会の一員として、いろいろな分野に参加できるようにすることも大事だよね。

歴史が生みだす差別

差別が現在の社会の「現実」から生みだされるのと同じように、差別は過去の社会の「歴史」に根を張っている場合もあるんじゃない？

そうね。たとえば、日本では外国人差別や民族差別というと、在日コリアンの人びとに対する差別が多いけど、これは1910年の「韓国併合」によって、日本が朝鮮半島を植民地化したっていう歴史と深く結びついている。当時は、日本だけじゃなくて、欧米各国もアジアやアフリカを植民地化していたけれど、そういう弱肉強食の世界では、「優れた文明をもつ人びと」が「文明化されていない人びと」を支配するのが当たり前だと考えられていたの。

そうなんだ。じゃあ、韓国併合をきっかけにして、日本でも「朝鮮半島を支配下に置いた日本人は優れていて、朝鮮半島の人たちは劣っている」っていうような偏見が強くなったんじゃない

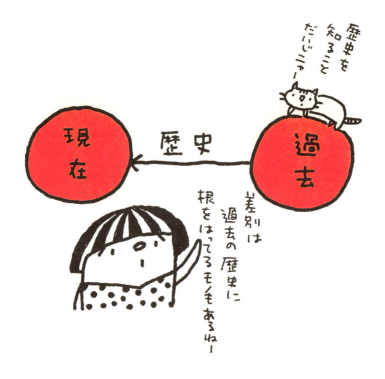

の？ それが朝鮮半島の人を蔑視して差別したり、排除しようとする意識につながっていったの？

　そういうこともいえるでしょうね。その偏見が意識的・無意識的に日本社会のなかで受け継がれて、100年たったいまでも、ことあるごとにいろいろな差別としてあらわれているという説明もできるんじゃないかな。

差別を正当化する理屈

　でも、いま差別をしている人たちは、植民地時代に実際に起きたことや、戦後の在日コリアンの生活といった歴史を知らず

に、差別的で攻撃的な発言をしているんじゃない？

　たとえば、「在日コリアンは日本人より生活保護を優先的に受けられる『特権』があってずるい」とか、そういうデマを流して差別をしている。根っこは歴史にあったとしても、問題にしているのは現在のことなんじゃない？

　差別をする側は、それを正当化するために、「差別される側が悪い」っていう理屈を見つけないと気がすまないのかもね。差別されてもしかたがない理由が、差別される側にあるんであって、自分たちは悪くないんだ、むしろ正しいことをしてるんだって言い張りたい。そうやって「差別する理由」を「差別される理由」にすり替えて、相手に押しつけてる。

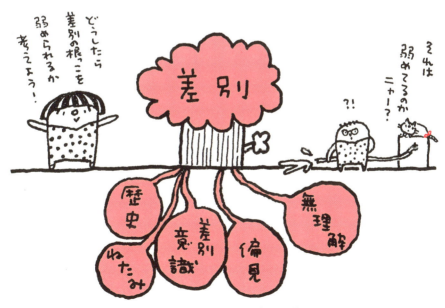

Topic5…どうして差別が生まれるの？

そういうときは、どうしたらいいの？

簡単な問題じゃないけれど、差別の理由が不合理なことや、じつはそんな理由なんて存在しないことを事実で示して、差別の根っこを弱めていくのが効果的だと思う。在日コリアンには「特権」があるっていう「差別される理由」に対しては、実際にはそんなものは存在しないことを示していく必要がある。

差別の根っこにある歴史をよく理解すると同時に、現在の状況を正しく知ることによって、「差別の理由」なんて本当はないってことを示していくわけだね。たいへんなことだけど、それをしていかないと、ありもしない「差別を正当化する理由」が社会に広がって、また新たな差別を生みかねない。こんな社会に生きているってことを、もっとみんなが自覚しないとね。

自分のなかの差別意識とたたかう

それと、もうひとつ重要なことがある。それは、私たちのなかには、それを自覚しているかどうかは別として、差別意識が必ずあるっていうこと。それをなくしていくのは、自分自身でしかできない。

 差別意識ってどんなもの？

「○○な人たちは××に違いない」みたいな思いこみや固定観念にもとづいて、「だから嫌われてもしかたない」とか、「近くにいてほしくない」とかって思うこと。これが思っているだけじゃ

なくて、言葉や行動にあらわされると差別になる。つまり、差別意識は「差別の種」みたいなものね。

　それは、「あの人は好き」「あの人は苦手」っていうような好き嫌いとどう違うの？

　好き嫌いは、特定の個人に対する感情だけど、差別意識は集団に対する感情を個人に当てはめたものなの。

 どういうこと？

　ある集団、たとえば「障害者」とか、「在日コリアン」とか、「被差別部落の出身者」といった人たちに、頭ごなしに「××に違いないからイヤだな」って思いこんで、その集団に属する人すべてを、まるごと「イヤだな」、「どっかに行ってほしいな」って思うことが差別感情になる。

　個人を見ずに、集団を見て、否定的な感情を持つってことだね。

　どんな人のなかにも、こういう意識があるといわれている。あなたにも。もちろん、私のなかにも。だから、一人ひとりの人が、自分のなかの差別意識に注意して、それを消し去る努力をしていかないと、私たちは誰でも簡単に差別をしてしまうおそれがある。

　差別は「誰かの問題」じゃなくて、「自分自身の問題」って思うことが必要だね。

そう、そのとおり。自分のなかの差別意識とたたかうのは、とてもたいへんなことなんだけれど、それを避けていたら差別はなくせない。すべての人の人権が尊重される社会をつくるには、まずここから始めないとね。

❺ ヘイトスピーチ

　国際的に定まった法的な定義はありませんが、特定の人種、民族、性などに属するとみなされる集団や個人に対して、そこに属することを理由にしてなされる差別的な言動です。ヘイトスピーチにさらされるのは、社会的マイノリティの人たちであり、日本では、とくに在日コリアンがそのターゲットになっています。路上でのヘイトスピーチは2013年ごろがピークでしたが、人種差別・民族差別に反対する市民グループが積極的にアクションを展開し、国や一部の自治体が重い腰をあげました。2016年に、まず大阪市が「ヘイトスピーチ対処条例」を制定し、国も同じ年に、「ヘイトスピーチ解消法」（「本邦外出身者に対する不当な差別的言動の解消に向けた取組の推進に関する法律」）を制定しました。また2009年と2010年に「在特会」（在日特権を許さない市民の会）などが京都の朝鮮学校前でおこなったヘイトスピーチ攻撃に対する民事訴訟では、最高裁で約1200万円の損害賠償が確定しました。さらに在日コリアン女性が、「在特会」からヘイトスピーチを浴びせられ、損害賠償を求めた民事訴訟では、2017年に大阪高裁で「人種差別と女性差別」の両方が重なりあう「複合差別」であると認定され、同年、最高裁で高裁判決が確定しました。

　「ヘイトスピーチ解消法」は、理念的な法律にとどまり、加害者を処罰する規定がないため、人種差別撤廃条約に定める国際人権基準を満たしていないという批判があります。またインターネット上では、依然としてヘイトスピーチがあふれ、これに対する有効な措置は取られていません。法の制定はヘイトスピーチ根絶にむけて前進ではありますが、より実効性のある法と政策が求められています。

コラム❻ 部落差別とインターネット

2016年には「ヘイトスピーチ解消法」「部落差別解消推進法」注の2法が、相次ぎ公布・施行されました。新たな人権立法を歓迎しつつも、法の成立背景には、それらを必要とした「立法事実」(立法を基礎づける社会的な事実＝深刻な人権侵害)があったことを忘れてはなりません。

とりわけ2000年以降、インターネットの急速な普及とともに、ネット空間での差別的書き込み、差別を助長・誘発する情報の拡散――部落の所在地(地名)の「さらし」――が深刻化しています。それゆえ部落差別解消推進法の第1条には、「情報化の進展に伴って部落差別に関する状況の変化が生じている」と記されました。

立法の契機となったのは、ある「事件」でした。1935年に政府の外郭団体が融和事業を実施するためにおこなった「全国部落調査」の報告書が、ある人物によってインターネット上にさらされたのです。これは㊙扱いの内部資料で、そこには全国約5300の被差別部落の地名、戸数、人口、職業、生活程度が記されていました。またこの人物らは、これを復刻版として書籍化を企図し、2016年にAmazonで予約販売を始めました。「全国部落調査」は、1975年にその存在が発覚した「部落地名総鑑」の原本となったといわれています。全国の部落の地名・所在地などが記載された「部落地名総鑑」を、興信所や探偵社が極秘資料として販売し、200以上の企業・団体・個人が、雇用や結婚の際に部落出身者を排除するために購入していたのです。

1968年には壬申戸籍の閲覧禁止、1976年に戸籍の閲覧制度が廃止され、ある人が部落出身者かどうかを戸籍を参照して

「系譜的」に（被差別身分であった先祖との血縁関係によって）判定することがむずかしくなると、「属地的」に（居住地・出生地などが部落の所在地と重なるかによって）識別しようとする心理が強まったことが、事件の背景にあります。これは、部落差別が封建時代の身分制度に由来する差別であり、封建時代には身分的区別と統制が進み、被差別身分の人びとが形成していた相当数の集落が、今日の部落と一定重なるからです。

ですから、ネット上に全国の部落の所在地情報を公開したり、その出版を企図する行為は、差別を助長・誘発する深刻な問題行為なのです。「事件」後、すぐにデータの削除と出版禁止を求める仮処分の申し立てが部落解放運動にかかわる人びとからおこなわれ、裁判所もこれを認める決定をしました。その後、本訴が提起され、2021年9月27日に申し渡された本訴の第一審判決は、「全国部落調査」の公開は、その地域に住所や本籍がある者のプライバシーを違法に侵害することを認めました。

ただし、ネット上の有害コンテンツは、元のサイトが削除されても、その前にミラー（コピー）サイトが作成され、永遠にネット空間を「巡回」します。「全国部落調査」のデータはWikiという誰もが編集に参加できるソーシャルメディアによって拡散されたため、そのサイトは、「悪意の第三者」参加型のプラットフォームとなってしまったのです。

世界人権宣言には「表現の自由」とともに、「非差別の原則」が記されていることを想起しなくてはなりません。

注　正式名称は「部落差別の解消の推進に関する法律」。

ところで
世界人権宣言には
どんなことが書かれてるニャー?

世界人権宣言を通して知る人権

世界人権宣言 知ってるニャー？

わたしたちにまかせて！

人として生きるための最後の「よりどころ」──人権

　人が人として大切にされるために考えだされた人権。その人権は人が生まれた時から持っているものとされています。世界人権宣言は、人権を世界のどこでも、だれもが持つものであるとしました。日本は、国際社会の一員としておもな人権条約にくわわり、国として人権の保護と促進を世界にむけて約束しています。

人が人として大切にされるための人権

　人権とは、「人は一人ひとりがかけがえのない、尊いものであり、生まれながらに、平等で、自由に生き、幸福を追求する権利を持っている」という考えです。この考えは、世界の長い歴史のなかでしだいに根づき、受け入れられてきました。

　けれども世界人権宣言ができる前は、多くの国では、女性や子どもが成人男性と同じ人権を持っているとは考えられませんでした。また、「かけがえのない、尊い」一人ひとりのなかには、先住民、マイノリティ、植民地の人びと、奴隷など、社会から排除されている人は含まれていませんでした。侵略された国の人びとも、侵略する国にとっては、自分たちと「同じ人間」ではありませんでした。

国際連合(国連)と世界人権宣言

　1945年、第二次世界大戦後、戦争の傷跡が生なましく残る世界で、国々が集まってつくった組織が国連です。国連は国連憲章前文で、「基本的人権と人間の尊厳及び価値と男女及び大小各国の同権とに関する信念をあらためて確認し」ました。そして、国連の目的の一つに「人種、性、言語または宗教による差別なく、すべての者のために人権及び基本的自由を尊重するように助長奨励することについて、国際協力を達成すること」(第1条3) を掲げました。
　1946年に国連は、国連憲章でのべられた「人権」、人間として一

人の例外もなく、どこにいても、だれにでも、いつでも尊ばれ、守られる権利（普遍的人権）を明らかにし、人権が確かに守られるための制度を備えた人権の基本文書として「人権章典」をつくりはじめました。しかし、すでに始まっていた資本主義陣営と社会主義陣営の対立を背景に、国をしばる力をもつ条約をつくるには長い時間がかかりそうだったので、まず、普遍的人権の核心について合意することにしました。その成果が世界人権宣言（Universal Declaration of Human Rights）です。

　世界人権宣言の起草にかかわった専門家たちは、世界のさまざまな文化や思想を背景とする、さまざまな体制の国からの出身者でした。この人たちの間には、人権を世界中どこでも通用するもの、すなわち「普遍的」なものとするという合意がありました。

　世界人権宣言は、1948年12月10日、国連総会で採択されました。当時の国連加盟国は56カ国。賛成46、反対0、棄権8、欠席2でした。宣言が採択されるまでの国家間の議論の激しさや対立を思えば、採択の時に一国の反対もなかったことは驚きでした。またこれは、宣言がその後、世界で広く受け入れられることにつながりました。

　その後、世界人権宣言に掲げられた人権を国が法的義務を負う形にするため、条約をつくる作業が続けられました。それからじつに18年後の1966年、「経済的、社会的及び文化的権利に関する国際規約」（社会権規約）と「市民的及び政治的権利に関する国際規約」（自由権規約）という二つの条約が国連で採択されました。宣言と二つの条約、これら三つを合わせて「国際人権章典」(International Bill of Human Rights) といいます。

　1948年の宣言採択の時に国連加盟国であった国はもちろん、その後の加盟国すべてが国連に加盟した時に受け入れたはずの世界人

権宣言です。もう決して人が人を差別したり、傷つけたり、搾取することを許さない世界の実現という国際社会が掲げた理想です。

世界人権宣言を土台として、その上につくられた人権条約

　世界の「共通の基準として」の人権、国際基準の人権とは何かを知るために、この世界人権宣言はもっとも大切な手引きです。国際社会は、世界人権宣言を採択した後、さまざまな個別の人権課題にかかわる条約をつくってきました。先にのべた二つの国際人権規約をはじめとする人権条約には、ほかに女性差別撤廃条約、人種差別撤廃条約、拷問等禁止条約、子どもの権利条約、移住労働者権利条約、強制失踪条約、障害者権利条約などがあります。これらをまとめて人権の国際基準といいます。

　こうして国際的な人権保障の枠組みづくりが進んできましたが、

人として生きるための最後のよりどころ――人権

とくに注目すべきは、いくつかの条約で、人権が「絵に描いた餅」に終わらないように、条約にくわわっている国が人権を大切にするという約束を守っているかどうかを調べる制度が設けられていることです（20ページのコラム②参照）。

世界人権宣言の中身

世界人権宣言は、第1条と第2条で人権の基本的原則を掲げます。この二つの条文を基礎として、それに続く28の条文が組み立てられています。第3条から第21条までは生存、個人の自由、身体の安全の保障、市民生活や政治参加における権利などを定め、第22条から第27条では経済的、社会的、文化的権利を定めています。第28条、第29条、第30条は人権と社会秩序の関係、人権行使にともなう社会に対する責務、人権行使の制限をのべます。

現実を変える理想の力

　世界の現実は「人が人として大切にされる世界」とはあまりにもかけ離れています。人の尊厳と人権を守ることをその目的の一つに掲げる国連は、ふたたび戦争を起こさないためにも人権の尊重が必要と唱えてきました。いかに現実がひどいものであってもめざすべき理想にむかって歩む。望みを捨てない。世界人権宣言はそのためのものです。

　しかし、それだけではありません。「宣言は、条約のように国に法的義務を課すものではない」とされていましたが、時とともに、もはやだれも無視できないまでの力を持つようになりました。世界で広く受け入れられた圧倒的、普遍的な道義的規範といわれます。いまでは、人権を無視する行為は、それが国であれ、個人や団体、企業であれ、厳しい批判にさらされます。

　世界人権宣言は、すべての人が人権を持っていることを確認します。一人ひとりの人が自分なりの成長と幸せを実現することを権利であるとしています。とくに、社会で弱い立場に置かれた人びとにとっては、人権が人として生きるための最後の「よりどころ」です。

　人権は人間が考えだしたもの。世界人権宣言は国際社会が描いた理想。どちらも人間がつくったもの。たしかにそのとおりです。けれども、これまで人類社会で、この「人権」を超えて、人を大切なかけがえのないものとして守る考え方や仕組みは出てきていないのです。

　次の「世界人権宣言を読んでみよう」では、世界人権宣言の前文と各条文について、外務省による仮訳をしめすとともに、わかりやすく読みといていきます。

世界人権宣言を読んでみよう

前文 (外務省仮訳)

人類社会のすべての構成員の固有の尊厳と平等で譲ることのできない権利とを承認することは、世界における自由、正義及び平和の基礎であるので、

人権の無視及び軽侮(けいぶ)が、人類の良心を踏みにじった野蛮行為をもたらし、言論及び信仰の自由が受けられ、恐怖及び欠乏のない世界の到来が、一般の人々の最高の願望として宣言されたので、

人間が専制と圧迫とに対する最後の手段として反逆に訴えることがないようにするためには、法の支配によって人権を保護することが肝要であるので、

諸国間の友好関係の発展を促進することが、肝要であるので、

国際連合の諸国民は、国際連合憲章において、基本的人権、人間の尊厳及び価値並びに男女の同権についての信念を再確認し、かつ、一層大きな自由のうちで社会的進歩と生活水準の向上とを促進することを決意したので、

加盟国は、国際連合と協力して、人権及び基本的自由の普遍的な尊重及び遵守(じゅんしゅ)の促進を達成することを誓約したので、

これらの権利及び自由に対する共通の理解は、この誓約を完全にするためにもっとも重要であるので、

よって、ここに、国際連合総会は、

社会の各個人及び各機関が、この世界人権宣言を常に念頭に置

きながら、加盟国自身の人民の間にも、また、加盟国の管轄下にある地域の人民の間にも、これらの権利と自由との尊重を指導及び教育によって促進すること並びにそれらの普遍的かつ効果的な承認と遵守とを国内的及び国際的な漸進的(ぜんしん)措置によって確保することに努力するように、すべての人民とすべての国とが達成すべき共通の基準として、
この世界人権宣言を公布する。

前文

　世界人権宣言の前文は、すべての人が、平等で尊く、一人ひとりが、人権を持っていると認め、尊重することが、世界における公正、公平、そして平和の礎(いしずえ)であるとのべます。これは、人類が戦争による破壊と悲惨を経験して学んだことです。世界における人権と自由の保障は人びとの願い。すべての国と人びとが「達成すべき共通の基準」としての人権。国連の加盟国は、人権と基本的自由を守り、さらに広めることを約束しています。人びとの間に人権の理解と尊重を根づかせるためには教育が大切です。世界人権宣言は、そのような思いを込めています。

第1条

(外務省仮訳)

すべての人間は、生まれながらにして自由であり、かつ、尊厳と権利とについて平等である。人間は、理性と良心とを授けられており、互いに同胞の精神をもつて行動しなければならない。

第1条　人としての自由、尊厳、権利

人は、一人の例外もなく、自由で、かけがえなく尊いもの。すべての人が平等に人権を持っています。人間には、学び考え判断する力と、すべきことを勧め、すべきでないことを避けるようにうながす心が備わっています。仲のよい人や仲の悪い人、好きな人や嫌いな人、敵や味方がいても、だれをも人として大切にすべきです。

第2条
（外務省仮訳）

1　すべて人は、人種、皮膚の色、性、言語、宗教、政治上その他の意見、国民的若しくは社会的出身、財産、門地その他の地位又はこれに類するいかなる事由による差別をも受けることなく、この宣言に掲げるすべての権利と自由とを享有することができる。

2　さらに、個人の属する国又は地域が独立国であると、信託統治地域であると、非自治地域であると、又は他のなんらかの主権制限の下にあるとを問わず、その国又は地域の政治上、管轄上又は国際上の地位に基づくいかなる差別もしてはならない。

世界人権宣言を読んでみよう

第2条 　差別は絶対にだめ

人は、どんな理由によっても差別を受けることはありません。差別されないで自由に生きる。世界のどこに住んでいても、だれもが持つ人権です。差別はとくに社会的に弱い立場に置かれている人びとに向けられます。また差別は、しばしば複雑に絡みあって起こります。これは複合差別、差別の交差性などといわれます。差別される人にしかわからない苦しさ、つらさ、悔しさ。人として大切にして！　人権の訴えです。

第3条　　　　　　　　　　　　　　　　　　（外務省仮訳）
すべて人は、生命、自由及び身体の安全に対する権利を有する。

第3条 　一つしかない生命(いのち)

むやみに奪われない生命(いのち)。生命が守られなければ、生きていなければ、人はほかのすべての人権の保障を受けることができなくなります。その意味で生命に対する権利は、その他すべての人権の要(かなめ)といえるかもしれません。

大切な生命があからさまに奪われる場合があります。一つは、戦争や武力抗争です。もう一つは死刑です。これは生命に対する権利の侵害にはならないのでしょうか。

人は、ただ生きているというだけでは十分ではありません。自由に、安らかに生きる、それもだれもが持つ権利です。

第4条　　　　　　　　　　　　　　　　　　（外務省仮訳）
何人も、奴隷にされ、又は苦役に服することはない。奴隷制度及び奴隷売買は、いかなる形においても禁止する。

第4条　奴隷にされない権利

　人間は売り買いされる物ではありません。奴隷とは、人として大切にされず、自由を奪われ、利用され、こき使われる人間のこと。そのようなことは、絶対にあってはなりません。
　いまでも形を変えて、人が奴隷のように取引されることがあります。「人身売買」とか「人身取引」とかいわれるものです。多くの場合、国境をまたいで行われます。人身売買の防止、加害者の処罰、被害者の保護、支援のためには国ぐにの協力が必要です。

第5条 （外務省仮訳）

何人も、拷問又は残虐な、非人道的な若しくは屈辱的な取扱若しくは刑罰を受けることはない。

第5条 拷問

どのような場合にも、人が人を痛めつけることは許されません。体を痛めつけ、精神的な苦痛を強いて、人としての尊厳を踏みにじる行為が拷問であり、非人道的なものです。そのような形の取り調べや刑罰もあってはなりません。

第6条 （外務省仮訳）

すべて人は、いかなる場所においても、法の下において、人として認められる権利を有する。

第6条 法の下で人として認められる

法律で定められた権利の行使、義務の履行は、法の下で人として認められて初めてできることです。人として認められる。すべての人が持つ人権です。

かつて人でありながら、法的には人として認められていなかった人びとがいました。いまだに女性が一人で契

約を結べず、遺産を受け取れない国もあります。法の下で人として認められていないのです。

第7条 (外務省仮訳)

すべての人は、法の下において平等であり、また、いかなる差別もなしに法の平等な保護を受ける権利を有する。すべての人は、この宣言に違反するいかなる差別に対しても、また、そのような差別をそそのかすいかなる行為に対しても、平等な保護を受ける権利を有する。

第7条　法の下の平等

　法の下では、みんなが平等です。だれにも特権は認められませんし、だれも差別的な扱いをされることはありません。また、人には差別や差別を煽るような行為から保護される権利があります。差別から人をしっかり守ることができる法律が必要です。「差別をやめよう」とか、「人を傷つける言動をしないように」とか、言葉によるとりつくろいで差別をなくすことはできません。

世界人権宣言を読んでみよう

第8条　　　　　　　　　　　　　　　　　　　　　（外務省仮訳）

すべて人は、憲法又は法律によって与えられた基本的権利を侵害する行為に対し、権限を有する国内裁判所による効果的な救済を受ける権利を有する。

第8条　被害者の救済

法律で守られるはずの正当な権利が守られなかったときには、裁判所に訴えて、法によって、侵害から守ってもらう、害をくわえる人を処罰する、償いを得るなどの救済を受けることができます。

第9条　　　　　　　　　　　　　　　　　　　　　（外務省仮訳）

何人も、ほしいままに逮捕、拘禁、又は追放されることはない。

第9条　身体の自由

人はだれでも、不当に、体の自由を奪われたり、どこかに閉じ込められたり、自分の居場所から追い出されたりすることはありません。これは法で守られる権利です。

第10条 (外務省仮訳)

すべて人は、自己の権利及び義務並びに自己に対する刑事責任が決定されるに当たって、独立の公平な裁判所による公正な公開の審理を受けることについて完全に平等の権利を有する。

第10条 公正な公開裁判

　どんな人でも、公正な裁判を公開で受ける権利を持っています。裁判で使われる言葉がわからない人には、自分のわかる言葉に通訳してもらう権利があります。

　政治権力から独立した裁判所による公開の裁判が守られていない国では、裁判所が政府に操（あやつ）られ、政府のために都合のよい判決を出したり、秘密の裁判でいつの間にか判決が下されたりすることがあります。このようにして、これまでしばしば人権が無視され、踏みにじられてきました。

第11条　　　　　　　　　　　　　　　　　（外務省仮訳）

1　犯罪の訴追を受けた者は、すべて、自己の弁護に必要なすべての保障を与えられた公開の裁判において法律に従つて有罪の立証があるまでは、無罪と推定される権利を有する。
2　何人も、実行の時に国内法又は国際法により犯罪を構成しなかつた作為又は不作為のために有罪とされることはない。また、犯罪が行われた時に適用される刑罰より重い刑罰を課せられない。

第11条　無罪推定、罪と罰は法律で定められる

　犯罪の疑いで訴えられた人は、裁判で有罪とされるまでは、無罪であるように扱われ、自分を弁護する権利が保障されます。逮捕されると、被疑者をまるで犯人のように扱い報道することが当たり前になってはいけません。また、法律で罪とされていないことをして罰せられることはありません。また定められた罰より重く罰せられることもありません。

　これまで犯罪被疑者の取り調べで、罪を犯していないのに無理に

自白させられて、有罪判決を受けることが起こりました。これを冤罪といいます。人権侵害です。冤罪を起こしてはなりません。

第12条　　　　　　　　　　　　　　　　　　　（外務省仮訳）
何人も、自己の私事、家族、家庭若しくは通信に対して、ほしいままに干渉され、又は名誉及び信用に対して攻撃を受けることはない。人はすべて、このような干渉又は攻撃に対して法の保護を受ける権利を有する。

第12条　プライバシーの保護

　自分や自分の家族のこと、私的な手紙や電話での会話などを探られたり、見られたり、盗み聞きされたりするなど、他人の干渉を受けることはありません。インターネットなどで手に入れる個人情報を本人の同意なく広めたり使ったりすることは、人権侵害です。
　また、自分の名誉や信用を傷つけるような他人からの誹謗中傷も許されません。インターネット上にあふれる匿名の誹謗中傷もあります。このようなことをされた場合には、法律で守ってもらう権利があります。

第13条　　　　　　　　　　　　　　　　（外務省仮訳）
1　すべて人は、各国の境界内において自由に移転及び居住する権利を有する。
2　すべて人は、自国その他いずれの国をも立ち去り、及び自国に帰る権利を有する。

第13条　移動の自由

自分の国のなかでは、どこに行くのも、どこに住むのも自由です。また、自分の国を出ることも、自分の国に帰ることも自由です。それは自分の権利であり、政府の許可がいるわけではありません。

第14条 (外務省仮訳)

1 すべて人は、迫害を免れるため、他国に避難することを求め、かつ、避難する権利を有する。

2 この権利は、もっぱら非政治犯罪又は国際連合の目的及び原則に反する行為を原因とする訴追の場合には、援用することはできない。

第14条 迫害からの避難

自分の国で迫害される人は、国を逃れてほかの国に助けを求め、そこで保護してもらう権利を持っています。国によっては政府に反対する人を犯罪人として処罰することがありますが、そういう場合を除き、一般的な犯罪をおかして国外に逃れてこの権利を主張することはできません。

第15条 (外務省仮訳)

1 すべて人は、国籍をもつ権利を有する。
2 何人も、ほしいままにその国籍を奪われ、又はその国籍を変更する権利を否認されることはない。

第15条 国籍

人はだれでも国籍を持つ権利があります。国籍は自分のルーツや自分らしさ（アイデンティティ）を確かめる大切な手がかりであり、国民としての権利や義務の裏付けとなるものです。そのような国籍を国が独断で奪うことは許されません。また、ほかの国の国籍を得て自分の国の国籍を離れることを自分で自由に決めることができます。

第16条 (外務省仮訳)

1 成年の男女は、人種、国籍又は宗教によるいかなる制限をも受けることなく、婚姻し、かつ家庭をつくる権利を有する。成年の男女は、婚姻中及びその解消に際し、婚姻に関し平等の権利を有する。
2 婚姻は、両当事者の自由かつ完全な合意によつてのみ成立する。
3 家庭は、社会の自然かつ基礎的な集団単位であつて、社会及び国の保護を受ける権利を有する。

第16条 結婚、家庭

　おとなになったら、男性も女性も自由に結婚し家庭をつくる権利を持っています。肌の色や国籍、宗教的な理由などには一切しばられません。結婚をするのは当事者二人、だれかからの押し付けで決められることはありません。しかし、いまでも当事者どうしが決めても自由に結婚できないことがあります。

　結婚は 公(おおやけ) に認められた当事者の持続的なかかわりです。そのような人と人とのかかわりは、同性の間でもしだいに認められるようになってきました。
　結婚でも、離婚でも、当事者の持つ権利は平等です。
　家庭には、社会と国によって大切に守ってもらう権利があります。

第17条　　　　　　　　　　　　　　　（外務省仮訳）
1　すべて人は、単独で又は他の者と共同して財産を所有する権利を有する。
2　何人も、ほしいままに自己の財産を奪われることはない。

第17条　財産

だれにも、一人でもほかの人といっしょにでも財産を持つ権利があります。財産は、財産を持っている人以外だれも勝手に処分できません。夫が妻の財産を勝手に処分したり、親が子の貯金を無断で使ったりすること、家族のなかでもそのようなことは許されません。

第18条　(外務省仮訳)

すべて人は、思想、良心及び宗教の自由に対する権利を有する。この権利は、宗教又は信念を変更する自由並びに単独で又は他の者と共同して、公的に又は私的に、布教、行事、礼拝及び儀式によって宗教又は信念を表明する自由を含む。

第18条　思想、良心、宗教の自由

自分が心のなかで何を考え、何を思うか、またどのような信念を持ち、あるいはどのような宗教を信じるかは、まったく自由です。だれからの強制も制限も受けることはありません。自分の信念や宗教的な信仰を形や態度であらわすこと、そして宗教行事に参加することも自由です。この人権のことを「内心の自由」ともいいます。

第19条　　　　　　　　　　　　　　　　（外務省仮訳）

すべて人は、意見及び表現の自由に対する権利を有する。この権利は、干渉を受けることなく自己の意見をもつ自由並びにあらゆる手段により、また、国境を越えると否とにかかわりなく、情報及び思想を求め、受け、及び伝える自由を含む。

第19条　意見・表現の自由

　人はだれでも、だれからも干渉されずに自分の思いや考えをさまざまな手段で表現する権利を持っています。また、ほかの人と考えや思いをやりとりし、情報を探し、手に入れ、広く発信することも自由です。国境を越えて思いや考え、情報を伝えることも自由です。

　この権利は大切な人権ですが、憎しみや人を著しく傷つけるような表現（ヘイトスピーチ）を社会で撒き散らすような行為は、「表現の自由」として守られるものとは考えられません。インターネット上では、さまざまな扇動や偽の情報などがあふれています。それらを見分ける力（インターネット・リテラシー）を備えることが大切です。

　国が持つ情報は、市民生活に深くかかわることでも市民の手に届かないところで保管されていることが多く、情報開示を求め、知ることは、開かれた社会を守るためには大切な人権です。

「報道の自由」は、新聞、雑誌、テレビ、ラジオなどメディアに認められるものです。メディアには、さまざまな圧力から自由で独立した情報発信が保障されるべきです。

第20条 (外務省仮訳)

1 すべての人は、平和的な集会及び結社の自由に対する権利を有する。
2 何人も、結社に属することを強制されない。

第20条 集会・結社の自由

人は、自由に集まりを企画し、参加する権利を持っています。しかし、集会を開くことやこれに参加することを強制されることはありません。予定された集会が、圧力や脅し、いやがらせのために開くことができない。それを見過ごす国や自治体であってはなりません。

また人は、目的を持つ団体をつくることは自由です。すでにある団体に参加する権利も持っていますが、団体にくわわることを強制されることはありません。

第21条 (外務省仮訳)

1 すべての人は、直接に又は自由に選出された代表者を通じて、自国の政治に参与する権利を有する。
2 すべて人は、自国においてひとしく公務につく権利を有する。
3 人民の意思は、統治の権力の基礎とならなければならな

い。この意思は、定期のかつ真正な選挙によって表明されなければならない。この選挙は、平等の普通選挙によるものでなければならず、また、秘密投票又はこれと同等の自由が保障される投票手続によつて行われなければならない。

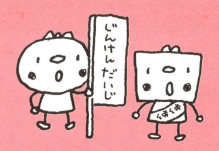

第21条　政治にかかわる権利

　市民が自分の生活にかかわる国、地方、地域のことを決めて自分たちの大切な生活を守るのは、政治に参加する権利、人権です。人びとの意見が反映される政治のために必要な権利です。

　人間の長い歴史では、しばしば政治的な扇動や、実のない約束をばらまく人が権力を握りました。不幸な出来事です。そのような社会の流れに惑わされないように政治に参加することが大切です。

　選挙は、人びとの考えを反映させるものとして、定期的に、投票の内容を他人に知られることなく、自由に票を投じることを前提として、公正に行われなければなりません。選挙する資格には、差別的な制限を設けることはできません。

第22条　　　　　　　　　　　　　　　　（外務省仮訳）

すべて人は、社会の一員として、社会保障を受ける権利を有し、かつ、国家的努力及び国際的協力により、また、各国の組織及び資源に応じて、自己の尊厳と自己の人格の自由な発展とに欠くことのできない経済的、社会的及び文化的権利を実現する権利を有する。

第22条　社会保障

人間としてふさわしい生活がむずかしくなったときに、みんなで助けあう。社会における人と人のつながり、目に見えない絆（きずな）を見える形、制度にしたものが社会保障です。社会のだれもがそれに助けてもらう権利を持っています。「施し」を受けるわけではありません。

国は、人びとが人間らしく生きることができるように手だてを尽くす義務があります。社会保障は、国が優先順位で後回しにしてもよいものではありません。国がその義務を果たせない状態にあるときには、国際的な協力が必要になることもあります。

生活の必要最低限の支援のほかにも、人としての成長と人格形成に欠かせないものがあります。人は、それを経済的、社会的、そして文化的権利として求めることができ、国にはそれに応える責任があります。

第23条 (外務省仮訳)

1　すべて人は、勤労し、職業を自由に選択し、公正かつ有利な勤労条件を確保し、及び失業に対する保護を受ける権利を有する。
2　すべて人は、いかなる差別をも受けることなく、同等の勤労に対し、同等の報酬を受ける権利を有する。
3　勤労する者は、すべて、自己及び家族に対して人間の尊厳にふさわしい生活を保障する公正かつ有利な報酬を受け、かつ、必要な場合には、他の社会的保護手段によって補充を受けることができる。
4　すべて人は、自己の利益を保護するために労働組合を組織し、及びこれに加入する権利を有する。

第23条　労働の権利

　働くことはだれもが持っている権利です。仕事は強制されることなく自由に選ぶことができます。働く人はその仕事に対して正当な条件を求めることができます。

　だれもが、同等の仕事に対しては、差別されず同等の報酬を受ける権利を持っています。働く人は、自分と家族が人としての誇りを持って生活できるだけの報酬を受ける権利を持っています。

　働く人はだれでも、労働組合をつくり、またこれに自由にくわわって自分たちの利益を守る権利を持っています。

世界人権宣言を読んでみよう

第24条 （外務省仮訳）

すべて人は、労働時間の合理的な制限及び定期的な有給休暇を含む休息及び余暇をもつ権利を有する。

第24条 休暇、余暇

　働く人には、休みが必要です。休みや十分な睡眠をとらず長い時間働きつづけることは、健康を害する原因になり、ひどい場合は生命を危険にさらします。給料を受けとりながら休暇を取るのは働く人の正当な権利です。また、仕事以外に、人間らしい生活のために余暇を持つことも働く人の権利です。

　労働は、人間にとって大切な、人間らしい営みですが、人が仕事に振り回されて、人間らしい生き方を見失ってしまってはなりません。

第25条 （外務省仮訳）

1　すべて人は、衣食住、医療及び必要な社会的施設等により、

自己及び家族の健康及び福祉に十分な生活水準を保持する権利並びに失業、疾病、心身障害、配偶者の死亡、老齢その他不可抗力による生活不能の場合は、保障を受ける権利を有する。
2　母と子とは、特別の保護及び援助を受ける権利を有する。すべての児童は、嫡出であると否とを問わず、同じ社会的保護を受ける。

第25条　生活水準の保障

だれもが、人としての誇りを持って生活できるように、衣食住と健康への配慮とふさわしい生活水準を保つための保障を受けることができます。これは人権です。

だれでも、失業、病気、体や心の障害、パートナーの死亡、高齢にともなうさまざまな問題が起こったときには、適切な施設と制度によって必要な治療や支援を受ける権利を持っています。

母と子には、手厚い保護と援助を受ける権利があります。子どもはどのような境遇に生まれるにせよ、同じ社会的保護を受ける権利があります。

第26条　　　　　　　　　　　　　　　　（外務省仮訳）

1　すべて人は、教育を受ける権利を有する。教育は、少なくとも初等の及び基礎的の段階においては、無償でなければなら

ない。初等教育は、義務的でなければならない。技術教育及び職業教育は、一般に利用できるものでなければならず、また、高等教育は、能力に応じ、すべての者にひとしく開放されていなければならない。

2　教育は、人格の完全な発展並びに人権及び基本的自由の尊重の強化を目的としなければならない。教育は、すべての国又は人種的若しくは宗教的集団の相互間の理解、寛容及び友好関係を増進し、かつ、平和の維持のため、国際連合の活動を促進するものでなければならない。

3　親は、子に与える教育の種類を選択する優先的権利を有する。

第26条　教育についての権利

　教育はすべての人にとって大切です。教育によって、人はそれぞれ自分にふさわしく成長し、自分の、そして他者の人間としての尊厳と人権を大切にすることを学びます。

　教育は、国、民族、宗教などの多様性を尊び、平和のための働きをうながすことをめざします。情報や交通の手段の発達で、世界中の人びとが互いに接し、知りあう機会が増えています。どんな国に住み、どんな生活をしていても、互いに人として大切にしあうことができる。このようなことを目標とする教育が必要です。すべての人はそのような教育を受ける権利を持っています。

　初等教育はみんなが受けるよう求められ、無償です。また、すべての人に、それぞれの能力、意欲、適性に応じて、技術教育、職業教育、高等教育の機会が与えられなければなりません。

　親は、子どもがどのような教育を受けるかについては、子どもの

最善の利益を考えてだれよりも先に決める権利を持っています。

第27条　　　　　　　　　　　　　　　　　（外務省仮訳）
1　すべて人は、自由に社会の文化生活に参加し、芸術を鑑賞し、及び科学の進歩とその恩恵とにあずかる権利を有する。
2　すべて人は、その創作した科学的、文学的又は美術的作品から生ずる精神的及び物質的利益を保護される権利を有する。

第27条　文化的な生活

　文化、芸術は心の糧(かて)です。人はだれでも、豊かな文化に接し、芸術を鑑賞し、また文化的な活動に参加することで、人間としての生活を豊かにできます。また科学技術の進歩の恩恵も受けられます。人はこれらを人権として求めることができます。国や地方公共団体には、市民がこれらの恩恵にあずかることができるように、文化を保護し、文化活動や芸術活動を支援する責任があります。
　また、自分が創作した作品、発明などについては、他人が模倣(もほう)したり、盗んだりしないように、またそこから生まれる利益を守られるように求める権利を持っています。

第28条　　　　　　　　　　　　　　　　（外務省仮訳）
すべて人は、この宣言に掲げる権利及び自由が完全に実現される社会的及び国際的秩序に対する権利を有する。

第28条　社会の秩序、国際秩序

すべての人が持つ人権と自由が保障されるためには、国内や国際社会でそのための条件が整っていることが必要です。公正と公平にもとづく政治と行政の制度や仕組み、経済財政の運営、独立した司法などです。人はだれでもそのような社会秩序を求める権利を持っています。

第29条 (外務省仮訳)

1　すべて人は、その人格の自由かつ完全な発展がその中にあつてのみ可能である社会に対して義務を負う。

2　すべて人は、自己の権利及び自由を行使するに当たつては、他人の権利及び自由の正当な承認及び尊重を保障すること並びに民主的社会における道徳、公の秩序及び一般の福祉の正当な要求を満たすことを専ら目的として法律によつて定められた制限にのみ服する。

3　これらの権利及び自由は、いかなる場合にも、国際連合の目的及び原則に反して行使してはならない。

第29条　社会に対する責務

　人は、社会で人と交わりながら生きることによって成長し、それぞれにふさわしい生き方ができるようになります。同じ社会で生活する人びととの間の経済的、社会的格差が著しくひろがったり、生活する人びととの多様性が受け入れられなかったりすれば、社会が一つにまとまることはむずかしくなります。このような社会を壊してしまう原因を取り除くことは国の責任です。そして、人が大切にされ、人と人の絆がはぐくまれるような社会を守ることは、市民とし

て一人ひとりの義務でもあります。
　人が自分の権利と自由を行使しようとするときには、ほかの人も自分と同じように人権と自由を持っていることを認め、尊重しなければなりません。人びとが集まってつくる社会では、モラル、公の秩序、みんなの福祉のために、行動が規制されることがあるかもしれませんが、それは法律ではっきり決められて、必要最小限にとどめられなくてはなりません。
　またどのような場合にも、人権と自由を主張しながら、国と国の平等、平和、民主的な社会体制などを否定したり、破壊したりするために行動してはなりません。

第30条　　　　　　　　　　　　　　　　　　　　（外務省仮訳）

この宣言のいかなる規定も、いずれかの国、集団又は個人に対して、この宣言に掲げる権利及び自由の破壊を目的とする活動に従事し、又はそのような目的を有する行為を行う権利を認めるものと解釈してはならない。

第30条　権利および自由を破壊する活動

　世界人権宣言でのべられた権利と自由を否定するような活動をしたり、そのために行動したりする権利があると考えることはできません。

人権をさらに知るための書籍・ウェブガイド

●書籍

『武器としての国際人権 日本の貧困・報道・差別』藤田早苗著（集英社 2022年）

『世界人権宣言 ビジュアル版：日英仏3言語』国際基督教大学英訳・遠藤ゆかり日訳（創元社 2022年）

『差別はたいてい悪意のない人がする』キム・ジヘ著・尹怡景訳（大月書店 2021年）

『国際人権入門 現場から考える』申惠丰著（岩波書店 2020年）

『＃黙らない女たち インターネット上のヘイトスピーチ・複合差別と裁判で闘う』李信恵・上瀧浩子著（かもがわ出版 2018年）

『真のダイバーシティをめざして 特権に無自覚なマジョリティのための社会的公正教育』ダイアン・J.グッドマン著、出口真紀子監訳・田辺希久子訳（上智大学出版 2017年）

『檻の中のライオン 憲法がわかる46のおはなし』楾大樹著（かもがわ出版 2016年）

『地球市民の人権教育 15歳からのレッスンプラン』肥下彰男・阿久澤麻理子編著、アジア・太平洋人権情報センター協力（解放出版社 2015年）

『ヘイト・スピーチとは何か』師岡康子著（岩波新書 2013年）

『コンパシート〔羅針盤〕子どもを対象とする人権教育総合マニュアル』ヨーロッパ評議会企画、福田弘訳（人権教育啓発推進センター 2009年）

『人権で世界を変える30の方法』ヒューマンライツ・ナウ編（合同出版 2009年）

『ひとはみな自由 世界人権宣言 地球上のすべてのひとのために』中川ひろたか訳（主婦の友社 2008年）

『人権ってなに？Q&A』阿久澤麻理子・金子匡良著（解放出版社 2006年）

● ウェブサイト

一般財団法人 アジア・太平洋人権情報センター（ヒューライツ大阪）
　　　https://www.hurights.or.jp/japan/

一般社団法人 部落解放・人権研究所
　　　http://www.blhrri.org/index_top.php

反差別国際運動（IMADR）　https://imadr.net/

認定NPO法人 ニューメディア人権機構（人権情報ネットワーク ふらっと）
　　　http://www.jinken.ne.jp/

公益社団法人 アムネスティ・インターナショナル日本
　　　https://www.amnesty.or.jp/

日本弁護士会連合会　https://www.nichibenren.or.jp/

認定NPO法人 DPI日本会議　http://dpi-japan.org/

公益財団法人 日本ユニセフ協会〈子どもの権利条約〉
　　　https://www.unicef.or.jp/crc/

認定NPO法人 国連ウィメン日本協会　http://japan.unwomen.org/ja

公益財団法人 世界人権問題研究センター　http://www.khrri.or.jp/

公益財団法人 人権教育啓発推進センター　http://www.jinken.or.jp/

国際連合広報センター〈主な活動：人権〉
　　　http://www.unic.or.jp/activities/humanrights/

外務省〈人権・人道・難民〉
　　　https://www.mofa.go.jp/mofaj/gaiko/jinken.html

認定NPO法人 ヒューマンライツ・ナウ　http://hrn.or.jp

ヒューマンライツ・ウォッチ　https://hrw.org/ja

資料　国連が中心となってつくった9つの主な人権条約

2022年10月1日現在

名　称	採択年月日	発効年月日	締約国数	日本が締結した年月日
経済的、社会的及び文化的権利に関する国際規約（社会権規約）	1966.12.16	1976.1.3	171	1979.6.21
市民的及び政治的権利に関する国際規約（自由権規約）	1966.12.16	1976.3.23	173	1979.6.21
あらゆる形態の人種差別の撤廃に関する国際条約（人種差別撤廃条約）	1965.12.21	1969.1.4	182	1995.12.15
女子に対するあらゆる形態の差別の撤廃に関する条約（女性差別撤廃条約）	1979.12.18	1981.9.3	189	1985.6.25
拷問及びその他の残虐な、非人道的な又は品位を傷つける取扱い又は刑罰に関する条約（拷問等禁止条約）	1984.12.10	1987.6.26	173	1999.6.29
児童の権利に関する条約（子どもの権利条約）	1989.11.20	1990.9.2	196	1994.4.22
全ての移住労働者及びその家族の権利保護に関する条約＊（移住労働者権利条約）	1990.12.18	2003.7.1	58	
障害者の権利に関する条約（障害者権利条約）	2006.12.13	2008.5.3	185	2014.1.20
強制失踪からのすべての者の保護に関する国際条約（強制失踪条約）	2006.12.20	2010.12.23	68	2009.7.23

＊日本が未加盟の条約については仮称。
※この他にも難民条約、自由権規約選択議定書をはじめ国連でつくられた人権諸条約は30を超える。詳しくは、ヒューライツ大阪のウェブサイト（https://www.hurights.or.jp/archives/treaty/un-treaty.html）を参照。

おわりに

　本書を読み終えたみなさまにとって、これまで思っていた「人権」と、この本のなかで語られる「人権」とは同じものだったでしょうか？　かなり違ったものだったでしょうか？　私たちがいちばん伝えたかったメッセージは、日本であろうと世界であろうと、どこでも共通に理解された人権——国際人権基準があるということでした。大事なことは、「人権をめぐる5つのTopic」のTopic 1でも述べられているように、人権が守られるためには、共通の基準をつくり、それが社会でひろく共有される必要があるということです。そういう点で、国際人権基準はまだまだ日本の社会に根づいていません。だからこそ「人権」の理解がかなり違っていたという人とは丁寧な議論をして、合意をつくっていきたいものです。
　いっぽう紙幅の都合で、扱う人権課題を絞りました。まずは人権を理解するために、これだけははずせないという核心の部分を説明したかったからです。けれども、本書で紹介したいくつかの事例を通して考える人権には、ほかの人権課題を考える際にも通底する「基本」が盛り込まれています。さらに、さまざまな人権課題に向きあい、人権についての学びを深めていただくことを切に願います（本の末尾に参考図書やウェブサイトを紹介しています。「ヒューライツ大阪」のウェブサイトにも国際人権基準の基礎をはじめ、多様な人権情報を掲載しています）。
　人権は、「棚からぼた餅」のごとく、私たちの社会に突然ありが

たく落ちてきたものではありません。人権のためにたたかってきた人びとが世界中にいたからこそ、こんにち誰もが自分の人権を国家や社会に対し主張することができるのです。そして、すべての人が人としての権利を持つと世界が認めてから——つまり世界人権宣言が生まれてから、まだ70年です。人類の長い歴史から見ると、この歴史はとても若いです。とはいえ、世界を見わたすと、昨今の人権をめぐる状況はけっして楽観を許さないことは、この本の「はじめに」でもふれたとおりです。この素晴らしい人権という「宝」を育てるも手放すも、私たち一人ひとりにかかっていることをいま、痛感しています。

　本書が、人権を実現するためのアクションを起こすささやかな一助になりますように。

　　　　　　　　　一般財団法人　アジア・太平洋人権情報センター

●編者
一般財団法人 アジア・太平洋人権情報センター（ヒューライツ大阪）
1994年の設立以来、誰もが人として大切にされる社会をつくること、人権が尊重される公平で公正な社会をつくることをめざして活動してきた。そのために国際人権基準を伝え、人権の実現にむけた国内、アジア・太平洋地域、そして世界の動きを広くとどけている。NGOとして国連との協議資格を取得している。

ウェブサイト（日本語・英語）での情報発信、ニュースレターや書籍の発行、学習会・セミナー・ワークショップの開催、講師派遣、人権図書の閲覧サービスなどのさまざまな事業をおこなっている。

〒550-0005　大阪市西区西本町1丁目7-7　CE西本町ビル8階
TEL 06-6543-7003　FAX 06-6543-7004
https://www.hurights.or.jp/japan/　Email webmail@hurights.or.jp

●著者
金子匡良（かねこ まさよし）
憲法、人権法、人権政策を専攻する大学教員。現在、法政大学法学部教授。主な著書（すべて共著）として、『人権政策学のすすめ』（学陽書房 2003年）、『人権ってなに？ Q＆A』（解放出版社 2006年）、『君たちに伝えたい神奈川の裁判』（御茶の水書房 2015年）、『市民自治講座 前編』（公人社 2015年）などがある。
（「人権をめぐる5つのTopic」、コラム①執筆）

白石 理（しらいし おさむ）
学生の時にアジアの人権運動にかかわり、人権の大切さに目覚める。その後25年間国連職員として難民支援や人権にかかわる仕事にたずさわる。国連を退職した後、2006年からアジア・太平洋人権情報センター（ヒューライツ大阪）所長として、スイス・ジュネーブから大阪に9年間単身赴任。現在、ヒューライツ大阪会長。専門は国際人権法。
（「世界人権宣言を通して知る人権」、コラム②③④執筆）

阿久澤麻理子（あくざわ まりこ）
大阪公立大学人権問題研究センター。　　　　　　（コラム⑥執筆）

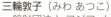

三輪敦子（みわ あつこ）
一般財団法人 アジア・太平洋人権情報センター 所長。　（「はじめに」執筆）

朴君愛（ぱく くね）
一般財団法人 アジア・太平洋人権情報センター 上席研究員。
（「おわりに」、コラム③⑤執筆）

●絵
ippo.（田中一歩）
「じぶん」を生きるための表現を講演やイラストレーションで届けているイラストレーター、絵本作家。また、子どもたちに「じぶん、まる！」というメッセージをこめて全国各地をまわって伝えつづけている。絵本に『じぶんをいきるためのるーる。』（解放出版社 2015年）がある。

編集担当
松原 圭

ブックデザイン
伊原秀夫

人権ってなんだろう?

2018 年 12 月 20 日　第 1 版 第 1 刷発行
2023 年 5 月 1 日　第 1 版 第 4 刷発行

編者　一般財団法人 アジア・太平洋人権情報センター ©

発行　株式会社　解放出版社
　　　〒552-0001 大阪市港区波除 4-1-37 HRCビル 3F
　　　TEL 06-6581-8542　FAX 06-6581-8552
　　　東京事務所
　　　〒113-0033 東京都文京区本郷 1-28-36 鳳明ビル 102A
　　　TEL 03-5213-4771　FAX 03-5213-4777
　　　振替 00900-4-75417　ホームページ　https://kaihou-s.com

印刷・製本　モリモト印刷株式会社

ISBN 978-4-7592-6420-3　C0036　NDC 360　101P　21cm
定価はカバーに表示しております。落丁・乱丁はおとりかえします。

障害などの理由で印刷媒体による本書のご利用が困難な方へ

本書の内容を、点訳データ、音読データ、拡大写本データなどに複製することを認めます。ただし、営利を目的とする場合はこのかぎりではありません。

また、本書をご購入いただいた方のうち、障害などのために本書を読めない方に、テキストデータを提供いたします。

ご希望の方は、下記のテキストデータ引換券（コピー不可）を同封し、住所、氏名、メールアドレス、電話番号をご記入のうえ、下記までお申し込みください。メールの添付ファイルでテキストデータを送ります。

なお、データはテキストのみで、写真などは含まれません。

第三者への貸与、配信、ネット上での公開などは著作権法で禁止されていますのでご留意をお願いいたします。

あて先：552-0001 大阪市港区波除 4-1-37 HRCビル 3F 解放出版社
『人権ってなんだろう？』テキストデータ係

テキストデータ引換券
『人権ってなんだろう？』
6420